LIBRO DE LA TARTAMUDEZ

BYRON RAMÍREZ

LIBRO DE LA TARTAMUDEZ

ADONÁIS

703
EDICIONES RIALP
Madrid

ISBN (edición impresa): 978-84-321-7358-5
ISBN (edición digital): 978-84-321-7359-2
ISBN (edición bajo demanda): 978-84-321-7360-8
ISNI: 0000 0001 0725 313X
Preimpresión: www.produccioneditorial.com
Depósito Legal: M-3425-2026
Printed in Spain - Impreso en España

Estugraf S. L. – Ciempozuelos (Madrid)

Cada día tartamudeo más. Pero no sé si es tartamudez.
En el fondo, no quiero hablar.

ALEJANDRA PIZARNIK

Tu lengua es el Sahara retraído en penumbra.

OLGA OROZCO

DEDICATORIA

DE tu legado
Padre
aún persiste la herida
la pregunta para nadie
y este idioma mutilado.

APUNTES SOBRE LA TARTAMUDEZ

No. Es música.
No. Alguien llora muy despacio.
No. Es un alarido agudo, una enorme, altísima lengua
que lame el cielo pálido y vacío.
No. Es un incendio.

BLANCA VARELA

I

VOLVER a hacer del tiempo
un laberinto de casi-palabra
y de este laberinto
un duelo a muerte de mi voz
                    contra mi voz

El mayor intento de medir
a tientas
el espacio que ocupa
mi lengua en el mundo

(lengua que deja de ser mía
por instantes
para ser apenas esta montaña
de gaviotas sin cabeza
un nudo de ideas atravesado por un rayo).

II

HE sido llamado a buscar
el sinónimo exacto con el que decir   *Casa*
sin caer en el pozo de siempre
sin perder la fe en esa espiral que encarna
todo eco en mi contra

Encontrar en *Casa* un sitio a salvo
donde ocultar mi lengua
lejos del demonio agitado que vuelve
envuelve
y erosiona las cosas al pronunciarlas

Un espacio donde pueda reaprender
este propio y solitario idioma
apartado de la luz que escapa
justo al momento de acercarme

y que me convierte en llaga las ganas de decir
y todo lo cubre de brea
y sostiene contra mi reflejo
este cuerpo mío que se estanca.

III

EN cada palabra llevo   una guerra
con sus arcos y cañones apuntándome
y mil ojos vigilando cada una de mis pausas

El mundo espera la caída del hablante
—me advierten—
su descenso hacia el pozo
ahí donde los gatos se lavan de la luna
y los ríos obtienen del barro su caudal

Hay una guerra latiendo en cada palabra dicha
CARA CORAZÓN VUELO
—me dicen—
y mil ojos y mil ojos

Soy yo quien habla cuando hablo
pero no es a mí a quien escuchan.

IV

IGUAL a un ángel perseguido
ya sin edad y sin cómplices
me pregunto
¿Para quién hablarán mis silencios
si no es para el pueblo que me vio crecer?

¿A quién le dejaré todo esto entonces?
Todo este despedazo de tiempo
que me cubre de filos la carne
y hace del habla un imperio de cadenas
un vértigo
de pequeñas aves exhaustas

Igual a un ángel perseguido
nada sale intacto de esta boca

pero traigo el pecho
cargado de palabras vivas
y las alas y los huesos
y los talones y las manos.

V

TAL vez sea cierto
todo esto que presagia el poema:

Llegarás a la vejez
con la palabra descosida
y solo la culpa sabrá reconocerte por tu nombre
La culpa de haber entregado al lenguaje
todo lo poseído y todo lo soñado

A ese lenguaje que no quiso perdonarte nunca
haber nacido con la lengua de tu padre
ni haber erigido una catedral de ausencias
en medio de un desierto sordo

A este lenguaje que no quiso perdonarte
el atrevimiento del poema
entregarás como venganza
una última palabra
para ser frente a la muerte
la luz que se extingue danzando
la palabra luz pronunciada con el cuerpo.

VI

CANSADO estoy   Padre
de gritar con tu grito
de respirar con tu pecho
de enojarme con tu pose

Ojalá pudiera decir *LLORO* por mí mismo
sin tocarme con tus dedos la cara
sin escuchar tu llanto en mi llanto   encarnado
esta espina que me atraviesa entero

Casi roto estoy   Padre
por llevarte en mis costillas a donde quiera que
    vaya
y escucharte bostezar a las ocho
limpiando mis manos bajo el agua caliente

Y aun así   tan cansado
casi roto te persigo
en lo poco que aún conserva tu perfume
en lo poco de mí que no siente miedo
de todo esto que me arrebata la noche.

VII

SOLO tu recuerdo
logra sostenerme

Digo *Casa*
y entonces puedo respirar
Decirte cuánto te extraño

y parece   por un segundo
que hablo el idioma de los hombres.

SOBRE LA PALABRA *CASA*

¿Cómo he de hallar reposo tras tu partida?
Al irte tú, mi corazón se fue contigo.
Si no esperaran los corazones que tú volvieras,
la muerte nos habría llegado al separarnos.
Mira, los montes de Beter dan testimonio de que la lluvia
del cielo es tan avara como generosas mis lágrimas.
Candela de Poniente, ¡vuelve a tu Occidente!, ¡sirve
de sello para los corazones y los brazos!
¡Lengua escogida! ¿Qué tienes en común con tartamudos?

YĔHUDAH HA-LEVI

LA MUERTE DE ABUELA

HACE cincuenta años
todo este pueblo era malahierba y cafetales

Abuelo arreaba las vacas de otros
en los campos tristes que ignoraba la guerra

Abuelo fue pescador
hasta que su padre murió ahogado en altamar en 1965

Abuelo no sabía leer ni escribir
y conoció al amor
—Abuela—
una tarde de octubre
mientras compraba pan para sus hermanas

Se casaron dos años después
en una capilla borgoña al lado de la plaza

Seguían los tiempos de la guerra
incluso después del último caído

Abuela sembraba buganvilias en el patio
con aquella sonrisa que se le fue apagando
con el tiempo

Abuela sabía tejer y tejía
el día en la noche
y la noche cada noche sin falta

Allí creció mi padre
en esa casa plagada de silencios
en aquel pequeño pueblo que nacía
a mitad de un gran cafetal y malahierba

donde Abuela conoció a Abuelo
y murió sin conocer el mar.

ESCRIBIR *CASA* ES FÁCIL

SIN la necesidad de imaginar un espacio exacto
uno puede dejarse llevar por el embrujo
tejer una palabra *Casa* sin riesgos ni delirios
sin fantasmas detrás de los muebles
sin niños corriendo del salón al patio

Pero pronunciar *Casa* es otra cosa
Hay en la pronunciación un alma terca que se resiste
al mundo de las palabras dichas
y entonces el hablante cae en tentación

Comienza a imaginar un tepezcuintle o un desierto
justo en el instante en que debe conjugar
las paredes de la *Casa*

Se cuestiona cuál sería el tono y el ritmo
necesarios para tejer esa forma imposible
—la forma de una *Casa* habitable—

Y justo antes de iniciar sus pilares
no puede no pensar en la muerte de Abuela
(en lo que significa morirse en serio)

y la *Casa*   la *casi-casa*
comienza a agrietarse de raíz
y entonces la idea se vuelve triste
la idea más triste de la historia
sin habitaciones
sin ventanas.

ESPEJO INVERSO

QUIERO ser en el lenguaje
todo aquello que el lenguaje me niega
Su propio espejo inverso
El sentido de todo lo que pude
y no fue.

EL PADRE TARTAMUDO

LAS palabras de mi padre
temían a su propio eco
De su boca heredé esas palabras
—solo esas—
piezas incapaces
de construir cualquier puente
o destino

Este idioma solitario
tan cargado de piedras y alacranes
ahora que intento revelarlo contra el fuego
se aparta cobarde de mi pulso

(No sabe mentir la vida
Nada supo de la vida mi padre)

Algunas tardes su recuerdo
hace una estaca con mi boca
Me ata la voz a sus cenizas.

MARIPOSA NOCTURNA

IGUAL a una mariposa nocturna
que solo despliega sus alas bajo la sombra
este lenguaje que te ofrezco no existe para el sol
(Solo saben leerlo los fantasmas)

Aquí te lo pongo
para que encuentres en él
un ojo pleno hacia tu ojo
Un manuscrito con tinta de sed

Así
igual que aquella mariposa nocturna
bajo la gran sombra del tiempo
aquí   ahora
a tu noche hoy ofrezco mis lenguajes.

ABUELA JURABA

ABUELA juraba que las palabras eran ángeles
ángeles de sal empujados contra el mundo
para arder
—decía—
arder con furia al lado del amor o de la guerra

Yo no tengo más ángeles que estos
Me gustaría contarte   Abuela
que camino las trincheras del mundo
desangelado
con un par de alas secas en el puño
y una grieta   una demora
donde debería arder la vida.

DIENTES DE LECHE

AL hablar de mi padre
mi lengua se duele
se amorata
se blasfema

Vuelvo a ser entonces
el niño que oculta sus dientes de leche
bajo la almohada
esperando que caiga el milagro:
que llueva tras el sueño de la ausencia

poder hacer de la lengua un paraguas
ver el rostro de mi madre a lo lejos
y descalzo caminar el verbo preciso
un sendero
hacia otra lengua que no se blasfeme
no se amorate ni se duela
al hablar de la culpa.

CENTRO DE TU CENTRO

ESTOY aquí de nuevo
tal como lo exiges   poema
con el puño hecho roca-corazón
y esta mirada de trópico puesta hacia tu tacto

Estoy aquí
con la voz enzarzada por tanta espera
apoyado suavemente en la palabra AUGURIO
tan desnudo como una carta de despedida

Vengo a dejarme caer sobre tu casa
a lavar con esta lengua de cal
cada habitación de tu nombre

y grabar en cada puerta mi mano
y colgar en cada ventana
un pedacito del abrigo que guardo
de mi padre

No pretendo que encuentres revelación alguna
tras este invierno que me cubre hasta la frente
con espinas de *ceiba speciosa*

Tan solo busco habitar tus aposentos
con la absoluta distancia que me ancla
la voz al abismo
y me conjura con tus signos
y me baña con tu aceite los años
y me prende fuego
en el centro de tu centro.

SOBRE EL RÍO

ES un largo río la tartamudez
donde cada palabra se estrella
contra sus propios márgenes.

HERENCIA DEL SILENCIO

NACÍ rodeado de silencios una tarde de mayo
Conozco de memoria la marea de pausas
que va y viene sobre la lluvia
y la dicha de ser bendecido algunas horas
con algún canto campesino

Nací rodeado de silencios
Madre jura que no lloré
(Supe tarde que Madre me mentía)

Hoy todo es distinto
Escondo palabras entre los muebles
para que mis hijos algún día
las encuentren e imaginen a un padre
con la voz que le falta a esta voz

Un padre que recorre descalzo
este continente hueco que despliega el poema
Un padre que sabe llorar
Un padre que llorando arde
Arde como arde esta nueva lengua.

EL NIÑO TARTAMUDO

UNA vez deshecho lo no dicho
se dispone el niño tartamudo a observar su propia sombra
a sentir el peso del lenguaje retratado en su figura
esa otra gravedad que clava
su cuerpo al suelo
y le carga de tornados la mandíbula
y le baña la frente con agua-de-la-mala
solo para verlo temblar
solo para sentirlo temblar ante la palabra *NADIE*

Pero llegará la hora —aún no lo sabe—
en que la boca se le vuelva pez
y sea el mundo un mar de verbos
al que pueda entregarse
sin el rayo de su padre partiéndole la cara

Tan solo un niño que se posa ante el mundo
para decir aquello que se dice
cuando todo parece aquietarse
y la lengua responde a su amo.

DELANTE DE SUS JAULAS

LAS palabras que hoy me nacen
como aves azuladas
pertenecieron alguna vez a mis ancestros
A sus nidos lloré mi juventud

En sus pequeñas luces vi el rostro de los míos

Ahora que han pasado siglos
de alas recortadas
me dispongo a mirarlas de nuevo

Quiero ser delante de sus jaulas
la esperanza de un cielo
abierto y despejado.

CON DERECHO A DESATAR

SER aquello que fuiste:
tus palabras maldichas
tu miedo al relámpago
la cruz de hielo sobre la frente

y un corazón así
aneblinado camino hacia el mar
conjuro-rostro en el espejo
igual a la primera palabra de la infancia
(aquella que nunca recordaste)

Ahora lo sé
Odio de ti el amor que te tengo
por todo lo que fuiste   Padre
y todo lo que soy a pesar de tu ausencia

pero me ata a tu forma de ver
la sola idea insostenible
de que nos une una misma lucha
la misma obsesión de palabra y tiempo
el mismo origen de un fuego compartido

Salvo una diferencia
En este reflejo me reconozco
no permanezco
Hoy desato el nudo
en forma de hacha que nos une.

CONJURO

SEA entonces esta lengua
cura y olvido
para la herida que tuvimos como *Casa*.

EPÍLOGO PARA UNA LENGUA ROTA

porque tu lengua es poderosa como la de la mantis

que da vida y da muerte y sabe tejer formas como la poesía
y es diestra en lides y ducha en argucias y canta
una canción remota y mágica que invita al extravío.

PIEDAD BONNETT

I

PADRE
ya he aprendido a caminar
sobre la línea que separa
el habla de la piedra
 a sostener entre mis dientes esta moneda
de sangre heredada
junto con tus manos

Pero nadie me enseñó que las palabras pesan
que algunas nacen ya heridas y opacas
y se arrastran como perros viejos por el corredor
    de los años

Yo lo supe el día en que intenté pronunciar *Casa*
y me tembló el cuerpo entero
esa hora cuando supe que la puerta de mi infancia
daba a un patio sin sombra
y en ese patio estaba tu nombre
con gesto de animal arisco
mordiéndose las uñas para no mirarme.

II

NO siempre quise hablar

Hubo años en que mi voz era un charco
en el que nadie se detenía
una huella de barro seca
en la pared de algún cuartel abandonado

Pero la lengua
esta lengua
me pedía seguirla
como quien sigue la respiración de un moribundo
para que no caiga solo.

III

HE visto   Padre
cómo tu idioma se me pudre en las manos
cuando intento sembrarlo en tierra ajena

He visto cómo se descose tu legado
cómo deja escapar sus semillas por la noche
cómo se llena de insectos
y da un agua espesa que no me atrevo a beber.

IV

EN sueños
la casa vuelve entera
las paredes pintadas de cal
el alambre oxidado que sostenía las buganvilias de
    Abuela
contra el portón amarillo de otras décadas
las sillas vacías en la cocina
la radio encendida con música de onda corta

En esos sueños puedo entrar
y esa casa se me convierte en lengua extraña
un párrafo sin verbo preciso
una respiración demasiado débil.

V

Es esa casa tu voz
una grieta que nadie ha querido reparar
porque al asomarse en ella se ve la costa

Aquella playa al otro lado del océano
donde Abuelo olvidaría su destino
y cambiaría los peces por los hijos.

VI

A veces dudo
si no es este temblor tu miedo
Tu miedo omnipresente   Padre
más allá de la tumba.

VII

SE equivoca el poema
No heredé tu voz
Se equivoca
Heredé el vacío que quedaba
cuando callabas.

VIII

Y sin embargo cada vez que hablo
te escucho
cada vez más frío
bajo mi puño.

IX

UNA casa vacía es una pequeña muerte con ventanas
Por eso cierro los ojos
cuando intento volver.

X

NOMBRARTE es levantar los escombros
a mitad de una tierra baldía
Debajo siempre hay algo que se mueve
y que la luz detesta.

XI

PIENSO en la siguiente palabra
En la siguiente   en la siguiente

Camino alrededor de tu ausencia
Soy bajo tu legado
todo esto que hace falta.

XII

ESCRIBO
como quien coloca un ladrillo sobre otro
con la certeza de que no habrá techo
de que no habrá refugio verdadero
pero sí un espacio para que alguien se detenga
y observe *El tiempo*.

XIII

ESTA es la última palabra de tu hijo
es decir un cuerpo tendido bajo el sol
una sílaba que se apaga contra las piedras de tu pueblo
una puerta cerrada de golpe en la madrugada

Aquí termina aquello que me diste
Dejo caer el peso que me inclinaba hacia ti
esa cadena invisible que me arrastraba
hasta la hondura de tu sombra
y me pongo de pie

por fin
aunque me tiemble la voz como un junco desgajado.

XIV

SI me buscas
no estaré en tu idioma
ni en la casa
ni en los viejos caminos del cafetal
donde se oía el rumor de tus machetes
y el sol hervía la savia en los surcos

No estaré entre las paredes donde tu aliento
era un dios severo que dictaba las estaciones
ni en los pasillos donde aprendí a callar
para que tu furia no me desterrara del aire.

XV

ESTARÉ en el centro de la lluvia
en esa intemperie donde nadie pronuncia nombre
diciendo el mío con la voz entera
pedazo a pedazo
reconstruyendo un nuevo fuego
con las cenizas de mi casa
con los restos del derrumbe

Me niego a ser el eco de tu palabra otro día
ni la estatua erguida en el lugar donde señalaste
ni el heredero ciego de tu voluntad de hierro
Quiero ser el pez que huye de Abuelo
y se hace espacio un segundo más en esos abismos
donde no llega pescador
la raíz que se desprende de la tierra reseca
el ojo de Abuela
que aprende a ver sin brújula de miedo.

XVI

SI me encuentras
será en el filo de un relámpago
cuando la noche se parta en dos mitades
y mi rostro no tenga semejanza con el tuyo

Será en la blandura de un río que no conociste
en la ciudad de los perros locos
donde tu voz no alcanza
en la ternura que nunca pudiste pronunciar.

XVII

PADRE
te devuelvo tu herencia de silencios
tu mapa de culpas
tu reino de obediencias
No me sirven para andar tus pies
no me sirve para soñar tu agua envenenada
no me sirven tus palabras ni tus excusas
para nombrar el mundo que conozco

Y sin embargo te amo.

XVIII

A veces pienso que mi vida entera
ha sido el intento de escribir una carta que no voy a
    enviarte
La escribo para que exista
para que el peso de lo no dicho no me rompa hacia dentro.

XIX

UNA última palabra
para abrirme el pecho
FILO o VACÍO

Padre
hoy te entierro
en el pozo de mi lengua.

XX

AQUÍ con el cuerpo desgarrado por la luz del mediodía
con las manos desatadas para levantar la osamenta de
   otra casa
con la boca poseída por palabras nuevas
que jamás bebieron de tu sombra

Aquí
Pronuncio mi primera palabra.

ÍNDICE

INDICE

APUNTES SOBRE LA TARTAMUDEZ

SOBRE LA PALABRA *CASA*

EPÍLOGO PARA UNA LENGUA ROTA

ADONÁIS
COLECCIÓN DE POESÍA

———

Director: CARMELO GUILLÉN ACOSTA

ÚLTIMOS VOLÚMENES PUBLICADOS:

———

Las obras que han obtenido el Premio «Adonáis» aparecen numeradas en negrita.

ESTA PRIMERA EDICIÓN DE
«LIBRO DE LA TARTAMUDEZ»,
DE BYRON RAMÍREZ,
VOLUMEN 703 DE LA COLECCIÓN «ADONÁIS»,
PUBLICADA POR EDICIONES RIALP, S.A.,
MANUEL URIBE 13-15, MADRID,
SE ACABÓ DE IMPRIMIR EN ESTUGRAF S. L.,
CIEMPOZUELOS (MADRID)
EL DÍA 17 DE MARZO DE 2026.